JN419589

사랑은 개소리지만 넌 예외

권민천 시집

사랑은 개소리지만 넌 예외

권민천 시집

여름 yeorum books

지금까지 권민천의 시를 골백번 읽었다. 웃으면서 읽었고 욕하면서 읽었고 손가락으로 짚으며 읽었다. 그럴수록 삶의 고민은 더 커졌는데, 창작에 대한 고민은 줄어들었다. 그의 창자 속에 들어있는 솔직함과 냉소를 배울 수 있었다. 좋은 시는 생김새대로 그에 걸맞은 임자를 만난다고 한다. 아직 그의 작품들은 스프링이 전부 늘어난 침대에 누워만 있다. 여러분이 그놈들을 끄집어내 제발 정신 좀 차리라고 두드려 패주었으면 좋겠다.

– 유정융(발행인)

CONTENTS

사랑은
개소리지만
넌 예외

Gold bar

종종
그녀와 나는
길 잃은 개처럼
이태원 거리를 쏘다녀

밤이 오면
나는 술이 더 필요했고
그녀는 춤을 추고 싶어했지

그럼 골드 바로 가자
더 이상 갈 곳 없는 지친 영혼들의
마지막 정거장

담배 쩌든 냄새
녹슨 지린내
미지근한 맥주의 쉰내를 맡으면
마음이 편해져

온갖 인종의
땀과 혈액, 정액의 칵테일로
끈적이는 바닥 위에서
정신없이 춤을 추다가
우린 또다시 막차를 놓친다

마지막 남은 돈으로 택시를 탈까 하다가
맥주를 더 시켜버렸어
패턴은 항상 똑같지
결국 녹초가 되어 나오면서 난 선언한다
다시는 여기 안 와

그녀가 말한다
그 말을 어제도 했어 이 병신아

늙은 화가

간판이 삐뚤어진 바에 들어가
혼자 있던 여자 곁에 슬쩍 앉았지
그녀는 급히 도망치더군

그 옆에 삐쩍 말라 어깨가 굽은 노인이
날 보더니 씩 웃었어
앞니 하나가 비어있어서 왠지 정이 가더군

뭐하는 사람이냐고 물었지
'난 페인터야. 예전엔 진짜 화가였는데 지금은 돈벌
레야.'
프랑스에서 유학을 했다는데
아마 뻥이었을 거야 그래서 난 더 호감이 갔어

나는 뭘 하는지 물어보더라
글을 쓴다고 했어. 뻥이었지
잘도 속아 넘어가더군

노인은 그 뺑이 퍽 맘에 들었나봐
내게 위스키 더블을 넉 잔이나 사줬어
그리고 우린 인사도 없이 헤어졌지

반년이 지나고
간판이 아예 사라져버린
그 바에서 다시 노화가를 만났어
날 못 알아보더군
그래도 물어봤지 요샌 뭘 그리냐고
이젠 그림을 안 그린다고 했어
손이 떨려서

위스키 더블을 사주고 싶었지만
난 빈털터리였어
그래도
노인은 별로 우울해 보이진 않았어
그 옆엔 쌔끈한 젊은 여자가 있었으니까

그는 그녀에게 파리에서 유학을 했었다고 한창 떠들
어대고 있었지

　날 보진 않았지만
　그를 향해 씩 웃어줬어

　뻥이었길 바래
　그림 그만 그린다는 것

연말시상식

한 해의 마지막 날
그게 무슨 의미가 있나
매번 찾아오는 것을

그래도 올 한해 결산을 해보자
부끄러워서 돌아보기 싫지만,
나태와 자기기만 속절없는 연민
거짓과 폭음 끝없는 자기파괴
골든 머저리 전관왕 수상

짧게 수상소감을 하자면
'난 정말 구제불능의 머저리입니다'

매해 되풀이 되는 연말 수상식에서
나는 매번 똥으로 만든 트로피를 가슴께로 가득 품
는다

울고 싶냐고?

그렇지. 하지만 울지 않을거야

파티가 엉망이 되니까

차라리 한 잔 하는 게 좋지

독한 놈으로

그리고 잊어버리자

내년에는 이놈의 트로피를 몽땅 내다 버릴테다

웃음이 나오는군

그러니 건배

Happy Fucking New year

T, 샴쌍둥이

여름처럼
뜨겁게 살거나
겨울처럼
차갑게 얼어붙는다

아기같은
미소를 짓다가도
노인처럼
자조적으로 경멸한다

성모마리아처럼
부드럽게 품어주다
악마의
갈고리 손톱으로 난도질한다

남자들은
그녀에게

상처도 받고
치유도 받는다

그리곤 떠나지
혼란을 안고서

그건
샴쌍둥이 중 하나만 사랑한 대가야
둘을 분리할 수 없다는걸
깨달아야해

어쨌든
심장은 하나거든

회색분자가 된 계기

비디오대여점, 워크맨, 헤비메탈
우체통, 공중전화, 롤러스케이트
카세트테이프, 삐삐, 전자오락실
펑크락, 만화방
필립세이모어 호프먼…

내가 좋아하는 것들은
늘 멸종 위기에 처한다
고약한 취향이랄까

그래서일까
언젠가부터
난 멀리서 가만히 지켜만 보는
회색분자가 되기로 했다

당신의 하루

어느
노래가사처럼

일요일은
혼자 왔다
가버리는 것

월요일은
우울한
작별의 시간

화요일은
바람과 함께
사라지고

수요일은
혼란스러운

아이들의 시간

목요일은
파티를
열기 일러

금요일은
사랑에
빠지지만

토요일은
원숭이들과 춤을 추다
그녀를 잃어버리지

당신은 지금
어디쯤 있나?

펑크

인생은
쓰리코드면 충분하다

돈, 여자, 술
내숭 떨지말자

최대한 단순할 것
위대함을 경계할 것

두꺼운 책은
영혼을 병들게 하고

심오한 사상은
위선을 잉태하지

걸작이라 칭송받는 것들은
가장 끔찍한 독약이야

광기로 무장하고
절대 성찰하지 말 것

방탕하게 취하고
후회하다 쓰러질 것

그리고
유언장엔 짧은 농담을 남길 것

영혼의 산책

겨울은 잔인한 계절이야
모두에게
혹은
아닌가
어쨌든 추운 건 질색

난 잔뜩 움츠려들지만
흰털뭉치는 아닌가봐
공원에 가자고 늘 조르지
새까만 눈으로

호기심이 많은 놈은
네 개의 발로
실험실을 누비는 과학자처럼
공원 구석구석을 관찰하지
난 그걸 지켜보는 게 정말 좋아

떨어지는 석양
반사된 강의 금빛 물결
그런,
멋진 장관보다

놈이 떨어뜨린 작은 똥에서
모락모락 피어오르는 김을 보며
난 이상하게도 경이를 느껴

생명이 지니고 있는
온기가 좀 우스운 방식으로
표현 되었지만

난 신을 믿지 않지만
영혼이란 게 있는 것 같아
이 녀석의 선한 얼굴을 보면
그런 생각이 들어

아무튼 개똥을 치우면서도
신기한 경험을 할 수가 있어
인생이란 알 수 없다니까

문제아 커플

난 내게 해로운 것들을 좋아해
술, 담배, 도박
망설이는 것, 늦잠, 과식

그중 최고는 당연히
당신이야

인정할 건 인정하자
내가 네 인생을 망친 것처럼
너도 내 인생을 망쳤지

서로 사랑하기 때문이야
사랑하지 않으면
서로의 영혼을 좀 먹을 수 없거든

이 불운과 궁핍이 지속된다면
결국엔

은행을 털겠지
그리고 분명 실패할 거야

하지만
네가 전기의자에 앉게 된다면
난 기꺼이 네 옆에 앉을거야

두더지 게임

아홉 개 구멍에
아홉 마리 두더지가
숨어 있다가

돈이 들어가면
돌아가며 대가리를 내밀고
망치로 얻어맞는걸
서로 지켜본다

대가리를 내려치는 게
뭐가 그리 좋은지
안 웃는 놈들이 없다

간혹 어떤 놈들은
분이 덜 풀렸는지
게임이 끝나고
집구석에 틀어박힌

두더지의 대가리를 두들긴다

가장 끔찍한 건
두더지가 활짝 웃고 있다는 것

썅, 돈 벌기가 이렇게 어렵다

빈털터리

갈 곳 없이
거리를 배회하는 건
기분이 좋지 않다
특히 이런 겨울엔

호주머니를
탈탈 털어본다
과자 부스러기
담뱃가루
구겨진 영수증

이게 웬걸
동전 몇 닢

편의점
따뜻한 캔커피를
동전과 교환하고

공원 벤치에 웅크려
마른 입술사이로
담배를 문다

아이들은
절뚝거리는
비둘기를
쫓으며 놀고 있다

어릴 땐
추위를 몰랐지만
지금은 견딜 수 없어

오랜 몽상처럼
차갑게 식은
알루미늄 캔 속
커피를 마저 비우고

짤막하게 줄어든

꽁초를 빨아들이자

마지막 갈망이 재가 되어

바닥에 툭 떨어진다

이로써

오늘도

난 내 모든 걸 탕진했다

취향의 문제

아무리 찾아도
오늘 밤을 버틸 영화를 고르지 못했다

취향이란
특별하다고 생각되는 여자 같다

그럴 듯하지만
결국 성가실 뿐이다

AM 4:27

이 시간에 오로지 유효한 단어는 딱 하나
'허무'

술을 마시기도
집에 돌아가기도
잠을 청하기도
너무 늦었다

술을 마시기도
집에 돌아가기도
잠을 청하기도
너무 이르다

모든 것이 허탈한 구멍으로 빨려 들어가는
그런 난처한 시간이다

어쩌면

난 늘 이런 상태인 것일지도

뭘 하기에도 어정쩡한 상태로

동결

타고난 허무주의자 금붕어처럼

새벽 4시 27분

좌우로만 횡단하다

제자리에 갇혀버리다

그녀에게

너는 날 또 내버려두고
어딘가로 가버렸지, 웃으면서
참 나쁜 년이야

난 이 밤을 성스럽게 보낼 수도
혹은 상스럽게 보낼 수도 있지
비밀을 한 두개 만드는 것도 나쁘진 않겠지

가끔 너를 알기 전으로 돌아가면 어떨까 싶어
뭣도 모르고 세상을 들쑤시고 싶었던
지금이라고 특별히 달라진 건 없지만

취했나봐
다 헛소리야

음악을 틀어도
번지는 침묵을 막을 수 없고

불만 끄면 째깍거리는
그리움은 유치하게 왜 이러냐

네가 없는 오늘 밤
비좁은 사막에서
낙타처럼 서서 잠든다

다이빙

인간들이란 점수 매기는 것에 환장하지
딱히 할 것도 없는 놈들이 많아서야

혐오스런 본능이지만
너무나 어처구니가 없어서
나조차 환호를 할 때가 있어

'다이빙'
바로 그것이야

추락에 순위를 매기는 기묘한 광기
자유낙하의 파탄을
예술과 기술의 조화로 측량하다니 상상력이 대단해

그런데, 추락이라면
나야말로 거의 전문가라고 할 수 있잖냐

십년 째
떨어지고 떨어지고 또 떨어지는
끝없는 자유낙하의 슬픈 코믹스

매번 허우적거리는 모습에
거만한 작자들이 어김없이 낮은 점수를 매겼지
품위가 없다니
비극을 배운 놈이 없나보군
생각해 보면
절망에 빠지는 것도 눈치를 봐야하나 싶어
난 내 멋대로 나자빠질거야

아무튼 다이빙은 내가 좋아하는 종목이야
뭐 그렇다고

Tree Of Me

타오르는 태양을 껴안으면
배가 불러오는 나무가 되고 싶다

투정할 주둥아리가 없으니
쓸쓸하다고 지랄할 수도 없고
술 생각이 나도 참을 수밖에

바람 불면 펄럭이다가
웬만큼 했다 싶으면
이파리 몇 장 뜯어서 길가로 흩뿌리고

밤이면 지나가던 취객이
오줌을 갈겨도
오냐하며 받아주지 뭐

따분하겠지만
세상이야 어쨌건 신경 쓰지 말고

돈벌이 걱정할 필요도 없이

초조하게 떠다니는 감정들
땅에 묻어버리고
비웃어도 무시하면 그만

정처 없이 떠돌지 말고
계절에 맞게 깊이 호흡하며

아무도 모르게
역사가 된다

Vision of liquor of me

술 마시는 게 그렇게 좋아?
왜 그렇게 술을 마시는 거야?"
뜬금없이 T가 묻더군
참 바보 같은 질문이야
"물론" 내가 말했지. "맥주광고 같은 이유는 절대 아
니야, 들어봐."

어느 날인가
어떤 공상에 빠져 밤을 새고
수면을 도둑맞은 나는 무기력하게
뒹굴고 있다가
이토록 지겨운 하루도 어쨌든 내 삶의 한 부분이라니
실없이 웃다가
밑도 끝도 없는 공허가
표지판도 없이 불쑥 찾아오길래
그걸 꿀꺽 삼키기 위해
어쩔 수 없이 술을 한 잔 쭉 들이켰지

그럼 다음은?

이놈들은 내 속에서 어떤 화학작용을 일으키다가
네이팜처럼 터질 때도 있고
그럼 실패
평온한 가스가 안개처럼 자욱하게 퍼지면
그럼 성공

자 이제
앞이 보이지 않고
축축하게 젖는가 싶으면
그대로 내버려 두면 되는 거야

이로써
내가 술을 마시는 천 만가지 이유 중 하나를 설명했군

Time

지금은 모르겠지만
예전에 Time이라는 담배가 있었지
벽지를 얇게 저민 것 같은 형편없는 맛이었지만
이름이 마음에 들어서 가끔 피웠어
타임…
중요한 건 그놈의 담배를 피는 동안에도
시간은 여전히 흘러갔다는 거야

맞아
모든 것들은 시간을 담보로 잡아두지
악몽을 꿀 때도 시간은 필요한 법이니까
난 많은 것들을 그 속에서 발견했어
겁이 많고 비겁한 나조차도 말이야

그런데 어떤 유식한 놈이
시간은 흐르는 게 아니라고 하더라
무슨 헛소리냐고 생각할 수도 있겠지만

왠지 맞는 말 같기도 해

시간은
파도를 치듯 왔다가 밀려가는 것 같아
젊음과 환희를 주었다가
더 많은 걸 쓸어가 버리고
안락한 오후가 잠시 스며드는가 싶으면
미련과 회한을 턱에 메달아 놓고 달아나지

난 발밑으로 뭔가가 왔다가 빠져나가는 걸
가만히 서서 바라볼 뿐이야
내게 어떤 인력이 작용하는 건지는 모르겠지만
아직 신기하게도
여전히 뭔가가 오르락내리락 하긴 해

무엇이 왔었고 무엇이 사라졌고
무엇이 올지 무엇이 사라질지

도무지 알 수 없지만
아무튼 그 인력이 확실히 묶어두고 있는 건
어떤 식으로든 시간
늙고 언젠간 사라질 어느 순간의 나

결국은

허무에 관한 이야기는 아니야
바뀌는 것은 시간이 아니라
나와 당신,
담배는 결국 짧아진다는 거야

이런 잡생각들 때문에 도저히 담배를 끊을 수가 없네

망했지만

빈둥거리는 건
비둘기랑 나뿐이다
이 거리
이상한 경향을 가지고 움직이며
그놈의 활기라는 것이 넘치고 있다
패션, 카메라, 문신, 무표정의 광기 따위들
트랜드라는 것들
줄서기, 염병할
만화방과 주점이 쓰러진 위로
온통
눈부신 회백색 불빛
낮고 불편한 스툴로 채워진
쌔끈한 카페들 뿐
매끄러운 탁자에 맥북을 올려놓고
이음새 없는 유능한 녀석들은
실리콘 냄새를 풍기며
먼지 한 톨 없는 스니커즈를 깔딱거리며

뭔가를 만들어 내고 있다
한 치의 오차도 없다는 듯
환하게 웃는
가지런한 치열
정기적으로 치과를 가는
성실하고 반듯한 녀석들
모든 것들은 녀석들의 차지가 되겠지
결국 이렇게 될 줄 알았지
연전연패
펑크가 살 곳이 점점 줄어든다
언제쯤 반격할 수 있을까
하지만 난 날 믿지 않아
광택 나는 것들을
모조리 파괴할 뿐
상상 속으로

여름의 한 조각

날씨가 더워서 공원을 걸어봤다
약속된 시간을 채우는
가족들이 부러웠다

내게 가장 필요한 것들은
진부한 일상이다
많은 것들이 사라지고 있었다

더 잃을 것이 없다고 생각한 순간부터
가장 중요한 것들을 상실했다
나는 가난하지 않았다

산다는 건 뭘까?
살아있는 건 움직인다
그럼 날아가는 빵 껍데기는
그럼, 살아있는 거야
내가 봤으니까

더위에 지친 노인들이 모여 앉아
부채질하며 날 바라보았다
나는 바람에 기대 움직여보았다
동력을 잃은 나도
바람이 부는 동안은
살아갈 수 있다

만신창이가 된 영혼도
푸름을 알아볼 수 있었다
하늘은 몹시도 파랬고
보기 좋았다

사랑이란

어릴 때
그러니까
아주 어릴 때 말이야

어느 일요일 아침
갓 태어난 참새가
날지도 못하고 통통 뛰어서
모은 양손에 들어왔다가
오므리기 전에
도망쳤어

그 때
아무도 내 말을
믿어주지 않았지

사랑이란
잠시 왔다가

떠나는 것

잡을 수도
잊을 수도 없고
각자의 언어로만
완성되는 것

빔보

Bimbo…
피츠로이, 멜번, 오스트레일리아
모퉁이 피자가게
대머리 아기인형 간판
찢어진 소파

소닉유스를 들으며
4달러짜리 피자를 주문한다

골빈 여자들이 아니라
주머니가 빈
나를 위한 주식
시저 또는 엔초비를 추천한다

빔보
그 앞에 진을 치고 있던
존,

너절한 셀틱 유니폼을 걸치고
늘 구걸을 했지

5달러만 줘
왜?
옷을 사야 하거든, 구멍이 났어
내 옷도 구멍이 났어, 내건 두 개나

존은 웃으며 내게 5달러를 주더군
티셔츠 하나 사게 Dude
난 사양했어

호주를 떠나던 날
트램에서 녀석을 만났어
역시나 비즈니스를 하고 있더군
우린 악수를 했어
멋진 라스트 씬이랄까

10년도 지난 일이야

난 여전히 궁핍하고
아직도 4달러짜리 피자가게를 찾아 헤매지
농담이 메마른 사막에서

존의 셀틱 유니폼 다음은 무엇이었을까?
그런데 젠장,
대체 왜 이런 생각이 나는거지?

Moonlight effect

5리터짜리 박스와인
두 팩의 담배
그리고 키에슬로프스키
달빛 아래
블루스는 혼자 들을 것

이토록 캐주얼한 권태로 카운트다운
5,4,3,2,1
밤하늘에 무기력한 공상을 펼치고
적막의 가장자리에서
먼지가 되어 떠도는
라이카를 추적한다

너를 기념하는 우표로도
네게 부치지는 못하는 편지들

이미 지나온 곳
이미 사라진 땅
난 진작에 떠났지
함부로 지껄인 것들을
목구멍 속으로 주워 담기 위해

무중력의 떠다니는 추억이라
담백하게 기억할 수 있다
빌어먹을
권태

난 단지 밤하늘에 기대
곯아떨어지고 싶었을 뿐이야

냄새나는 농담

방구를 끼다가
똥을 지렸다
욕을 하다가
웃었다
혼자 있었으니까
혼자 있으면 뭘 해도 상관없지
딸을 치다가 담배를 피고
술을 마시다가 딸치고
노래를 부르면서
부랄을 흔들고
뭐 어때
누군가 같이 있으면 그럴 수 없지
혼자 있는 게 편하지만
그래도 외롭잖아
똥을 지린 이야기를 할 사람도 없고
우는 건 혼자 울어도
웃는 건 혼자선 힘들어

어쩌면 우린 싸우기 위해서가 아니라
웃기 위해서 함께 사는 건지도 몰라

그리고, 다시

기나긴 밤
잠 못 드는 새벽
그녀가 돌아누웠다
"떠나자"
그렇게 우린 무작정
바다를 따라
걷기 시작했다

처음 우리가
사랑했을 때처럼
아무런 이유도
목적도 없이

우린 며칠을 걷고
또 걷고
말하다
쉬다가

해변이 나오면
옷을 홀렁 벗어던지고
헤엄치다
다시 걸었다

그렇게 세상 끝까지
걸어갈까 했는데
갑자기 그녀가 말했다
"돌아가자"

나는 고개를 젓지도,
그럴 줄 알았다
말하지도 않았다
그래 돌아가자
다시 삶으로
일상으로

그녀가 물었다
돌아가면 뭐가 있는데?
대체 뭐가 남았냐고?

너와 내가 남았지
처음처럼
그리고 말이야
사탕 두 알이 남았네

잠든 거리를 가로지르는
기차에 올라
우리는 그리움과
슬픔과
행복과
쓸쓸함을
나눠 빨며
돌아왔다

또 다시 집으로

그리고

걷는거지

구멍 난 양말

양말에 구멍이 나면
존나게 서글프다

장갑은 괜찮다
바지도
뭐 일부러 찢어서 입기도 하잖아

양말은 다르다
뚫린 양말은 부끄럽다
쪽팔린 비밀을 들킨 것처럼

나쁜 곳을 많이 가서
그런 거야
그래서 양말이 뚫리지
가기 싫은데
니가 억지로 끌고 가서 그래

한 가치의 가치를 곱씹으며

담배를 물고
원뿔 위에 늙은 새처럼 앉아
내려다본 바로는
아무것도 없었다
쥐뿔, 개미새끼 한 마리도
없이
외로움보다 더 외롭고
고독한 나뭇가지보다
더 가는
연기를
내뱉으며

곤죽이 된 기억을
지독하게 더듬어 보면
가끔 명료해지는
아침의 쓰린 위장을 덮은
구취와 같은

타락한
기억뿐

여기 회색의 꼭지점,
외로운 독재자의
전각에서
오줌이나 갈겨볼까

부디 네놈들 대가리 위로
흩뿌려지길
바라며
지퍼를 슬쩍 내린다

파리지옥

파리 한 마리가 한 시간째
유리창에 온몸을 던지고 있다
나갈 수 없다는 걸 모르나
나는 파리보다는 조금 똑똑해서
유리창으로 뛰어들진 않았다
어쨌든 둘 다 출구를 찾아야 할 텐데

어떤 종류의 길

당신에게
가는 길은
너무 메말라서
터벅터벅 걷다보면
곧 먼지투성이라
안개 낀 것처럼
아무것도 보이지 않게 되거나

때론
너무 질어서
질퍽거리며
가다보면
온통 진흙투성이로
엉망으로 만들기 일쑤지

물론 내 방식이 잘못됐다는 걸
나도 알고

당신도 알고
신도 알겠지

하지만
내가 당신을 사랑한다는 걸
나도 알고
당신도 알고
신은 몰라도 상관없지만
아마 그도 알거야

어느 존나게 외로운 녀석에게

연희동 쪽에서
명지대로 꺾어지는 교차로 근처
육교 아래
세 단어가 표어처럼 박혀있다
fuck
lonely
city

그 후미진 곳에 다가가면
지린내도 나는데
그나마 아직 체면이란 게 남아서
절반이라도 은폐하려 노력한
녀석이 싸질러댄 것이니
너무 욕하진 말자

다시 이 외로운
그것도 좆같이 외로운 도시라는

슬로건에 대해서 얘기하자면
그 글을 쓴 사람은 아마도
선량한 사람이었을 거야

그런 생각이 들어
착한 놈들은 빨리 죽는다는데
이 도시는 새빨간 놈들의 장이 되었고
그게 당연하다고 지껄이잖아

아무튼 선한 녀석들은
도도새처럼
쉬운 먹잇감이 되거나
어쩌다 살아남아서 술에 취하면 비틀거리다
음침한 곳에 오줌을 싸재끼고
존나게 외롭다고 투덜거리다
골로 가는거지, 혼자서

그래서 그 낙서를
적어도 나만큼은
진지한 전언으로 받아들이고
그 음침한 아래쪽에
조용히 오줌을 덧갈겨줬어

인마, 넌 혼자가 아니야

내 얇은 친구

한 잔 하다보니
결국 남은 건
나와
내 그림자뿐이었다

대화를 할 수도
건배를 할 수도 없지만
꽤나 죽이 잘 맞아서
같이 취했다

깊은 밤이었다
암흑은 놈의 영역이고
그는 날 초대하려고
의자를 슬그머니 뒤로 뺐다

쿵하고 돌아보니
그놈은 지하실로

도망쳤고
나는 술집에서 쫓겨났다

언제나 날 엿먹이고
날이 밝으면
어김없이 숙취를 이고 기어오는

그 놈이 싫지만은 않아
내 눈을 피하지 않으니까
언제나 날 노려보는
하나의
검은 눈동자 같기도 하고

You Know··· What?

T에게 물었다
나를 뭐라고 생각해?
그녀는 날 쳐다보지도 않고 말했다
'실패자'

화를 내진 않았다
그 말은
맞는 것 같지만
틀린 말이니까

짧게 설명을 해주지
변명이 아닌
저급한 제언으로서

물론 낙오자의 정규코스를
착실히 통과하고 있는 건 분명하다
가학적이자

동시에 피학적인
나만의 방식으로

무기력과 권태에는
오르가슴이 없으므로
무한히 복제되는 매초, 매순간마다
내가 일으킨 파도 아래로
조금씩 규칙적인 리듬으로 가라앉는 중
'조금씩'
이 부분이 특히 중요하다

잠시 후 나는 그녀에게 이렇게 대답했다
나는 실패자가 아니라
아직 실패하는 중이야
거긴 엄연히 큰 차이가 있지
그렇지 않아?

그리고

그녀는 빙긋 웃었다

실로 오랜만에

레트로맨

레트로샵에서
티셔츠를 샀다

무척 낡았더군
그런 걸 대체로 신경 쓰지 않는 편인데
이걸 팔아?
라는 생각이 들 정도로

그런데
나는 그걸 사버렸어
왜냐면
그 옷이 나와 잘 어울릴 것이라고
말해줬기 때문이야

어느 게으른 놈이 걸치던 것이
아마도… 분명해 보였지
나른한 디자인과 작은 구멍

그런 느낌이 들었어

대체 어딜 싸돌아다니다가
내 손에 들어왔을까?
추억까지
덤으로 받을 순 없었어
그런 걸 파는 가게가 있다면
재밌을텐데

어쨌든 여기가 네 종착역이 될테니
이제 맘 놓고 축 늘어져도
괜찮아
나는 그런 게 잘 어울리는 사람이니까

스키드 마크

그곳은 분명
내가 예전에 거닐던 거리였다

이젠
귀에 어긋나는 음악들
사이로
새로운 세대가 밀려왔다

합금실린더 같은
매끈한 다리의 어린 여자들은
멋도 모르고
가위질하듯 걸어다닌다

예리하고
철저하게
내 추억을 조각내고
나는 그것을 처참히 관전할 뿐

이 거리에서 유일하게
쓸쓸한 나는
그들이 아무리 조각내도
지우지 못한
오래 전,
내가 그은
긴 스키드 마크를 따라
천천히 퇴장했다

케이시

그녀는
케이시라고 했다
그게 그녀의 이름이다
누구나 가지고 있는 이름말이다

그녀를
만난 곳은
따분한 주택가의 어느 스트립클럽이었다
그것도 정오에

늙은 한량들이
그 동네를 대변하는 지루한 표정으로
아무 말없이
각자 맥주를 홀짝이고 있었다

케이시는
웃통을 까고 있었다

링 위의 권투선수처럼
당당하게

그녀의 젖꼭지는
어느 꽃잎을 닮은
달콤한 연보라빛이었다

대자연조차 가끔은
허영을 포용하는 것일까

고백하건데
지독하게 아름다웠어
더 놀라웠던 건
늙다리들 중 누구도
흘끔거리지 않았다는 거야

마치 멋진 풍경처럼,

새들이
대자연에 감탄하지 않고
제 나름의 노래만 부르듯

이젠 시간이 무척 흘렀으니
그녀의 베일은
바람을 타고
낡은 시계탑 어디쯤에 걸려 있을테지
원래 그런 법이니까

아무튼 난 여전히 그녀를 기억해
그때 그 모습으로

그녀는
케이시라고 했고
그게 그녀의 이름이야

기나긴

방탕한 인생 뒤로
뻗은
그림자처럼
자꾸만
길어지는 것들

오후의 하품
부질없는 후회
유치한 혼잣말
개 같은 술주정
고약한 체취
새벽의 구토
뺨 위의 눈물
도태된 추억
퀴퀴한 변명
잃어버린 동전
쉰내 나는 한숨

병속에 갇힌 냉소
시덥잖은 욕망들
비열한 거짓말
저급한 자기연민
빈 노트와
그리고
당신에 대한 그리움
그리움
그리움
그리고
또 그리움

배꼽의 고고학

혼란스런 거리지만
자세히 보면
규칙이란 게 있다

정어리 떼처럼 몰려다니는
웃음과 연기와
발가락과 스타일들

그치만 한 걸음만 뒤로 물러서면
언제든 광기의 변두리에 설 수 있다
그렇게 난 가만히 그들을 살폈다

내가 유심히 살핀 건
좁고 어두운
배꼽,
배꼽이었다
배꼽티 요즘은 크롭티라고 하더군

아무튼 그걸 지켜봤지

탐미주의적으로? 글쎄
기가 막히게 예쁜 배꼽이란 건
아무리 봐도 없었지
그렇잖아

그래도 그걸 보는 게 좋았어
그건 아마
있어야 할 자리에
배꼽이란게 있으니
그 아래 뭔가가 더 있을 것이라는
추측을 가능케 해서겠지

한편으론
그들의 포근한 외로움
그들의 창조주와 이어진 전선으로부터

과거의 은밀한 고요를

상상할 수 있기도 해서라고

무질서 안의 우연적 정연

개별의 과거

잉태의 흔적

이것들이 crop된 것이

유행이라는 것이 되어

정어리 떼처럼 몰려다니는 배꼽들의

holy crap

무엇을 지키려는 걸까?

무엇으로부터?

나는 뒤돌아 방광을 비우려

변기 앞에 섰고

가는 물줄기 위로 내게도

그놈의 작은 구멍이 있는 걸 확인했어

왠지 다행스럽고도 울적한 기분이 들더군
망할
이놈의 구멍 속으로
다시 돌아갈 순 없을까나

어느 외로운 친구와 함께

바람 부는 밤
그의 오랜 쓸쓸함이 배어 있는
도피처
검은색 세단으로 피신해
우린 담배를 피웠다

'외롭다'
그가 말했다
나도 외로웠다
함께 있었지만
둘 다 외로웠다

라디오에서
부드러운 여자 음성이 흘러 나왔고
그녀의 목소리를
납치하려
슬쩍 창문을 닫아봤다

둘 중 하나가 여자로 태어났다면
외롭지 않았을까

줄담배
잡념
할 수 있는 모든 걸 소진했지만
밤은 여전히 길게 뻗어있었다

외로움은
번역될 수 없는 언어처럼
늘 생경하게
우릴 괴롭히고
쓸쓸하게 걷게 한다

아무튼 이건 결말이 아니다
결말은 좀 더 뒤에 올 것이다
좀 더 외로운 방식으로

그들만의 handshake

후커 힐,
창녀
트랜스젠더
플레이보이
이제 그들은 없다
혹은 숨었거나
이들은 참새처럼
믿지 못하고
겁이 많아서
재빨리 도망친다

이젠
쿵쾅거리는 음악
가벼운 들썩임
시시한 유행만
음산하게 남았다
다만

기품 있는 퇴폐
위선 없는 고통을
낭송하는
알콜중독자들이
음유시인처럼
대를 이어 유랑하며
간신히 거리의
영혼을 지켜내고 있다

나는 그중 몇몇을 알고 있다
중독자들
그들은 손을 떤다
그건
신체의 결핍이나
장애가 아니다

그것은 거리에 묻힌

보이지 않는

영혼과 악수를 하는 것

세상의 불균형을

정상으로 돌리기 위해

믹서기 날처럼

휘젓는 것

나는 아직 손을 떨지 않는다

진짜 술꾼이 되기엔

겁이 많고

이기적이라서

브로큰 플라워

숨이 멎은
꽃을 줬다

그녀가
화병에
꽃을 꽂았다

죽은 꽃이
좋다고
말하는 걸 들었다

그 자리에
있는 걸
저주하며

한마디

꽃은

짧게 살고

길게

죽는군

이스터에그

난간에 기대
정오의 무료함을 관찰하고 있었어
크림빵 먹는 노인
비누방울 쫓는 아이
따스한 바람
4월의 온기를 등에 업은 풍경은
라디오 사연처럼 따뜻하더라고
거의 눈물이 날 지경이었지

그런데 멀리 공사장에서
오스카가 때리는 양철북 소리가
내 달팽이관에 달린 초인종을 누르자
죽치고 있던 경멸과 냉소가 벌떡 일어났지

미쳐가고 있는게 틀림없었지
나는 꽁초처럼 다 타버려서
신음소리조차 낼 수 없었어

그때, (기적적으로)
누군가 내 어깨를 두드리더군
'부활절 달걀 드세요'
상냥하게 생긴 중년여인이
내게 삶은 달걀 두 개를 건네더라
(왜 하필 나였을까?)
지금 생각해보면
날 꿰뚫어 보던
어떤 성신이 아니었나 싶어

부활,
누구보다 내게 필요한 것이지
다리를 저는 비둘기보다
크림빵을 흘리는 노인보다
아무튼 난 그걸 손에 넣고
한동안 가만히 지켜봤어

삶은 달걀이라
좀 웃기는 발상이야, 그렇지 않아?
생명의 가능성이 차단된
푹 삶겨진 알로
부활을 기념한다니 말이야
허나 그건 정말이지 젖같은 생각이었어
맞아 인정해

그냥 어느 소설처럼
껍질을 깨서
매끈한 알맹이를 우물거리며
다시 봄날의 풍경을 만끽했지
뭐 날개가 돋거나
그러진 않았어

단지 북소리가 멈추고
웃을 수 있었지

그걸로 충분했고
어쩌면 다시 사랑할 수도 있겠다는 생각이 들었어
뭔가를
무엇이든 말이야

7/7/7

광란의 거리
윤기 나는 주말의 여자들
열기, 소란, 눈빛

나는 구석에 앉아
머리
가슴
다리
를 차례로 훑어본다

가끔은
세 가지가
동시에
잘 빠진
잭팟 여자들

지상에 유일한

신의 자녀인 듯 행동하며
제단에 바쳐진
모든 것을 독점한다

그녀가 바닥에 흘린 미소라도
주우려고
까마귀처럼 키득거리며
아첨하는 무리들 옆에서

나는 앉아서 상상한다
그녀의 엉덩이를 냅다 걷어차
창밖으로 굴러 떨어지는
그런걸

부조리에 맞서는
빈약한 저항이자
자포자기한

초라한 상념으로

나로 말할 것 같으면
그저 농담을 섞어가며
이 칙칙한 세상을 같이 경멸할 수 있는
그런 여자면 족하다

물론
가슴이 크면 더 좋고

어느 몽유병자의 독백

새벽에
투명한 청백색 광선이
창을 통해
비쳐 들어왔고
그것은
내 몸을 빈 병처럼 통과해
방 안에 잠시 머물렀어

텅 빈
공간과
시간의 위상 아래로
아귀가 맞지 않은 꿈 때문에
잠시 깬 거야

최근엔
꽤나 즐거운 시간들을 보냈어
좋은 일도 있었고

여러 사람들도 만났지
자신감에 가득 찬
대리석 입술들

난 대개 듣기만 했는데
확신에 찬 말과 태도가
어쩐지 두렵게 느껴졌기 때문이야
망상에 대해
수정으로 만든 의안같이
그토록 단단한 신념이라니

그들의 견고한 언어는
맥주의 탄산처럼
은빛 점으로 밤하늘에 부글거리다
트림 한 방으로
이내 소멸됐어

나는 용의주도한 자신감이 없다고
솔직히 고백하지
내 생각이나 이상들은
흔들리는 주렴처럼
누구나 무엇이든
허용했고
언제든 떠날 수도 있다고
허락했으니까

어쨌거나 다시 사람들을 만난 건
좋은 일이었어
정말이야
내내 이상한 표정만 지었고
무엇이 내 진짜 얼굴인지도 모른 채
엉망으로 취하기만 했지만 말이야

그러다 내가 제일 보고 싶은 건

나 자신이라는 걸
문득 깨달았지
맞아, 그랬던 것 같아

이제 다시 잠을 청하려고 해
새벽빛을 받으며
낯선 몽상들 속에서
어설픈 자세로
잠드는 걸 좋아하거든

길게
잠들고
모든 걸
짧게
기억하다
잊자

파리 사냥꾼

요즘 괴짜인척 하는 녀석들이 꽤 있더군
한마디만 하지
요란한 녀석들은 가짜야
진짜들은 깊은 동굴 속에 있거든
내가 하나 소개하지
여덟 살 때
학교라는 인생 첫 사교의 장에서
첫 번째 친구가 하필 그놈이었어
파리를 기똥차게 잘 잡더군
고무줄을 튕기거나
책받침을 내려치거나
심지어 맨손으로 낚아채기도 했지
나는 공부보다
파리잡이가 더 흥미로워서
배우고 싶었지만 매번 실패했어
파리가 없으면 벌을 잡아서
집요하게 침을 뽑아내더군

군침을 흘리면서 말이야

그놈은 때때로 샤프심을 먹기도 했는데

그건 쉬워서 두 번 정도 따라해보다 그만뒀어

샤프심은 사탕보다 맛이 없는데 더 비쌌거든

나는 그놈만큼 독창적인 놈을

두 번 다시 못 만났어

그 녀석은 나이가 들더니 깡패가 되었다더군

아마 졸나게 무서운 놈이 되었을 것 같아

도서관에서

평일 오후 도서관
그것은 어떤 의미가 있다
내게
자포자기한 빈곤, 엇나간 자아도취 그리고 희망이라
는 덫

주변을 어슬렁거리는
노인들
그들이 어떤 쓸데없는 대화를 나누는지 궁금해진다

놀이터 앞
맨발의 청년
여자애들과 술래잡기를 한다
저 인간이 소아성애자는 아니길

나는 지난 몇 년간
이곳에서 수많은 시간을 허비했지

나른한 일상이
솜사탕 녹듯 사라지는 걸 바라보며 말이야

이 정처 없는,
젤리같이 흐물거리는 오후의 정체는
대체 뭘까?

여기서 난
책을 빌려서 무더기로 쌓아두고는
대부분의 시간을
똥을 싸러간다

허비하러 온 곳에서
허비하는 것에도 집중을 못하고
그저 화장실을 몇 번 들락거리다
집으로 가는거지

나라는 놈은

대체 뭘 할 수 있을까?

내일 다시 가면

그걸 좀 생각해보련다

해피아워
– 팻알버트의 부활을 기념하며

우리의 갈증을 멈추게 할 이벤트가 시작되었다

2 for1
내가 물었다
이건 대체 어떤 의미입니까
다소 격앙된 목소리였다

흥분하지 말고
좀 가만히 있어봐
T가 날 막아서며 주문한다
나는 조심스레 바텐더에게 다시 물었다
한 잔을 시키면 한 잔을 더 준다는 말이요?
바텐더는 비밀스런 미소를
지었다

잠시 후 바텐더가
맥주 두 잔을 내 턱 밑으로

가져다놨다
한 잔 가격만 지불했다는 거지?
나는 마른침을 삼키며 확인을 했다
T도 비밀스런 미소를
지었다

이것들이 단체로
날 엿먹이나 싶다가도
맥주가 있으니
그것도 두 잔이
일단은 쭉 들이켰다

이와 비슷한 상황이
다른 테이블에도
또 다른 테이블에도
연쇄적으로
일어났다

이건
내가 살면서
겪은
가장 신비롭고
선량한
기적이었다

남자들은
테이블마다
맥주잔을 쌓아두고
손뼉을
마주쳤다

이것 좀 봐
젠장
나는 고함을 질렀다
우리에게

단지 맥주 한 잔씩만
더 제공하면
그토록 갈구하던 평화의
시대가 도래한다고

나는 주위를 둘러봤어
여자애들은
각자에게 할당된 행복한
시간을
거울을 보고
화장 고치며
낭비하고 있더라

어떻게 저렇게 차분하지?
그러다 문득
예전 생각이 났어
T가 구두를 헐값에 샀다고

저 혼자 들떠 내 손목을 비틀었던
그 순간이,
발바닥에 붙이고 다니는게 뭐 대수라고
나는 적당히 웃었어

T는 내가 빈 잔을 들고
다시 주문을 하러 달려갈 때
정확히
내가 예전에 구둣가게에서 지은
표정을 짓고 있었지

해피아워,
8시 전
한 잔을 시키면
한 잔이 더 온다

브래지어를 내리면
젖가슴이
양쪽에 달린 것처럼
짝을 맞춰서

역시 행복이란
조화와
균형에서
찾아오는 법이지

또 다른 하루를 소화하며

샤워를 하러 들어갔는데
임산부처럼 부른 배가
거슬렸다

어쩌면 무엇인가를 잉태한 건지도 모른다
미지근한 몽상이라도
뿌리를 내리면
열매를 맺는 법이니까

나라는 감옥에 갇힌
기이하고 불분명한
열정과 상실들에 대해
언젠가는
설명해 줄 수도 있겠지만
귀찮다

소화불량에 걸린

시간들은
점점 차올라
목구멍 아래까지 걸렸지만
괜찮다
똥구멍이 제자리에 있는 한

단어가 모인다고 소설이 될 수 없듯
하루를 이어 붙인다고
삶을 설명할 순 없다
삶,
그런 걸 자꾸 지껄이는 놈들을 난 믿지 않는다
그러니 날 믿지마라

뒤뚱거리며
인생의 꽁무니를 쫓는 것도
지겹고
가만히 있는 것도

지겹다

불만과 불안으로 가득 찬
내일을 누군가에게
양도하고 싶지만
또 다른 나는
신음하며
혹은 웃으며
낯선 배불뚝이와
기꺼이 동거할 것이다
이것은 내가 가장 확신하는 바이다

그러니까
싸구려 쇼는
계속 될 것이다

to be continued

124

스토커

모기 한 마리 덕에
밤새 잠을 이루지 못했다
이토록 은밀하고 집요하게
나만의 피를 탐하는 암컷이
내 생에 과연 있었던가

자유시장의 한 축을 담당하던 시절

사장은 우리 중에서 제일 어렸고
직원들은 뒤에서 사장 험담하길 즐겼어
'그 새끼는 좆도 몰라'

나는 아무 말도 안 하고
대충 웃기만 했어
내가 어떤 생각을 했냐고?
아무 생각도 안했지

한겨울엔 생선을 팔았어
과일가게라고 왔더니, 염병
그땐 사장 욕을 같이 했지
그 녀석은 욕심이 많았어
그런데 말이야 누군들 그렇잖아

생선 대가리를 자르다보니
한해가 훌쩍 지나가더군

밑도 끝도 없는 나날들이었어

어느 날 사장이 가게를 접고
다른 걸 벌인다고 하자
직원들은 사장을 설득하거나
새로운 가게에 들어가려고
밀실 협상을 벌이더군

웃기지만 웃을 수 없었어
나도 결국 숨 가쁜
직원 중 하나였으니까
천하의 애송이 사장이
우리 목숨줄을 쥐고 있는 셈이었지

어쨌든 결국은 다들 뿔뿔이 흩어졌어
제 살길을 찾아서
먹고 사는 길

그 유일하고 막다른 길 말이야

그 시절 하루 열세 시간의 노동을 견디는 동안
왜 사회주의가 태동했는지에 대해
조금 이해가 갔으며
그보다 어쩌면
나도 제대로 된 인간이 될 수 있겠다는
순진한 착각을 했었어

다 지나간 일이야
어떤 일에서도 교훈을 얻는
똑똑한 인간들이 있겠지만
난 하나도 남김없이 소모하기만 했어

이것만은 기억에 남는군
첫 월급을 타서
이태원에서 기네스를 원 없이 마셨던 것

죽여주게 달콤하고 시원했었지
돈이란 건 참으로 좋더군
더럽게 매력적이야

10주년 기념사

T와 함께 한 지 십년이라니
믿을 수 없는 일이군

결혼
자식
적금, 보험, 세금, 그 밖의 어지러운 코스를 거치지
않고도
이만큼 와버렸지

대단한 일이지 아무렴
누군가를 이렇게 오래 만나게 될 줄은 몰랐는데

사랑?
그것에 대해선 할 말이 별로 없어
표현할 수 있다면
그건 사랑이 아니니까

오랜 세월을 함께 하다 보니
사소한 감정들은 하찮게 느껴져
시건방진 말들을 초월하는 것이야 원래 많은걸

이제 사랑을 하지 않는 게 아니냐고?
그건 아니야
서로에게 필요하니까
어떤 방식으로든
골동품처럼
곁에만 있어도 된다고 해두지

그렇다고 아무 감정이 없는 건 아니야
나를 화나게 하고
여전히 미치게도 만들지
이토록 무기력한 내가
유일하게 화를 내는 것도
오로지 그녀뿐인걸

누구나처럼 우린 완벽하지 않아
오히려 불량에 가깝지
특히 나는 구제불능의
세상을 빚다가 튕겨 나간 파편일 뿐이지만
어쨌든 우리는 서로에게 알맞은 조각이야

삶이 어디까지 추락할지는 모르겠지만
적어도 완전히 망하기 전에
기회란 걸 한 번 잡을 수 있다면 좋겠어

우리가 함께하는 동안에 말이야

봄을 맞아

자주 가는 공원에
꽃이 피고
개똥이 이리저리 치이더군
봄이 온거지
희망의 계절말이야

아프리카 들개처럼 집요한
겨울을 따돌렸으니
박수라도 쳐야겠지만
나는 말이야
인스턴트로 배를 채우고
쳇 베이커나 들으며
조금만 더 우울한 채로 지내고 싶어

십 년 전부터
스스로 혐오하기 시작한 후로
내게 느끼는 감정이라곤

덧없는 연민과
마찬가지로 덧없는 혐오뿐
나머진 북쪽으로 비행하는
철새들과 함께
날아가 버리고
영영 돌아오지 않더군

허약한 두 감정 사이로
비실거리는 망상을 품은
공허가
풍선처럼 부풀어올랐지
그게 지금 내 모습이야
바늘로 콕 찌르면
퓌쉭거리며 날아가버릴

이런 무기력함에 대해
솔직히 말하자면

죄책감이 들어
차라리 악행이라도 저질러
지독한 회한을 거쳤다면
새로운 인간으로 정화되었을까

어쨌거나 이제 나를 개조하는 건 불가능해
은행털이든
은행원이든
데뷔하긴 너무 늦었어
이제 와서
자로 잰 듯 살 수도 없는 노릇이지

어쩌다 최장수 니힐리스트가 된다면
회고록이나 한 권 써볼까 싶어
물론 그것도 덧없으려나

아무튼 주저리주저리 많이도 떠들었군

이제 더 남은 것도 없어
봄이 오면 이래서 문제야
가끔씩 괜히 들뜬단 말야
망할 놈의 희망이라니

별것 아니지만 길게 남는 것

대학시절 어느 날,
후배 녀석과 늦은 점심을 먹고
도서관으로 향했다
전날의 술자리부터 함께였다
우린 커다란 책상에 마주보고 앉았다
커다란 창으로 햇살이 투과해
우리 어깨 위로 두껍게 내려 앉았다
그 무게에 눌려 우린 4시간을 잠들었고
두 어개의 수업을 놓쳤다
잠에서 깬 우리는 밖으로 나가
150원짜리 자판기 커피를 마시며
찌그러진 담배를 피웠다
해가 저물고 있었다
'형, 한 잔 하러 가요.'
나는 아무런 말도 하지 않았다
'형, 무슨 문제있어요?'
나는 고개를 저었다

아무런 문제가 없었다

그때는

Glad to be mad

오전의 햇살은 끝내주고

날 미치게 한다

투명한 빛이 가득 차면 어항에 갇힌 것 같다

밖으로 나가면 질식할걸

불안,

부재와 허기에 대해

개들이 느끼는 불안이다

제 불알을 핥아야 안심이 되지만

그럴 수가 없으니

눈을 감고 책상 아래로 숨는다

숨어도 보이지 않는 것들은 피할 수 없다

공포

바이러스, 숫자, 냄새 따위

과거로부터 격발 된 투명한 총알이

내 미간을 향해 날아온다

엎드려라

엎드려서 그대로 멈춰있어라

시계바늘이 휘어지는지

감시하면서

스스로 판 구덩이에 빠져

심심한 잠행이 지속된다

내게 필요한 건

혼돈이다

모든 걸 전복할 수 있는 거대한 소용돌이

혹은

넥타이 맨 직장이거나

97년의 어느 겨울

당연히 1997년이다
내 나이 열일곱
나의 오랜 친구
지금은 형제나 다름없는
S와 함께 여자를 만나러
다운타운으로 향했다
97년 대한민국은 희망과
우애와 사랑으로
넘치던 시절이었단 걸
아는 사람은 알 것이다
우리의 가슴도 한껏 부풀어있었다
여자들은 별로였다
그녀들도 마찬가지로 생각했다
그러나 우리는 한 잔했다
어쩌면 생각이 바뀔지도 모르니까
아무리 마셔도 우리들의 간격은
좁혀지지 않았고 S와 나는 이른 시간

다운타운을 급히 빠져나왔다
S에게 물었다
'얼마썼노?'
'3만원'
'나도'
'씨발년들'
우리는 3천원짜리 탕수육을 먹으며
그년들을 잊어버렸다
그때는 1997년이다
그걸 잊지 말아주길 바란다

하찮은 문제들

그녀는 아무도 사랑하지 않는다고 했다
아마도 거짓말일 것이다
그게 사실이라면
그것은 그녀에게 내려진
가장 가혹한 형벌일 것이다

난 어리석게도
여러 여자들을 사랑했고
덕분에 여러 번 끝장을 봤다
실로 타당한 결말이다

그래서?
이젠 모르겠다
난 궁지에 몰린 노새일 뿐이다

그러는 중에
옆자리에 앉은 여자가 내게 술을 따른다

선한 미소와 상냥한 말투다
이런 여자가 빨간 속옷을 입는다면
그것은 지독한 저주가 될 것이다

이 여자가 다섯 살만 어렸어도
내 인생은
산산조각 났을 것이다

이처럼 여자들은
늘 문제를 악화시킨다
어쩌면 모든 문제의 근원일지도 모른다
늙었거나 젊거나
상관없이

그것은 그들이 품고 있는
불완전한 아름다움 때문이다
취하지 않는

영혼처럼

난 벌써 오래전에
다시는 사랑할 수 없다고 선언했다
애석하게도
이건 또 다른 거짓말이다

ash

유리 파편이
신발 밑창에 박혀
뽑아냈다
그 조각은
이제
쓸모없고
위험하지만
아직까지
기이한 빛을 끌어안고 있었다

정체성

이른 오후
정오와 저녁이 아직 멀리 서성이는
그 틈새로
비치는 광선은
나를 미치게 만든다

담백하고 무료한 열기에
쓰러지지 않는 건
산발적으로 터지는
아이들 함성과
개 짖는 소리 덕분이다

이 투명하고
적막한 뜨락 위로
나비 한 쌍이 날아가다
나를 사이에 두고
갈라진다

그 날개짓
너머로 긴 여백이 이어지고
그 위를 나는
의미 없는 낙서로 채워야 하는
책임자로 지목된다

이것이 이 찬란한 오후에
슬쩍 드러내는
내 정체다

대체 뭐가 들어있는거야?

냉장고 문을 열었다
꽉 차 있는데
먹을게 하나도 없었다
젠장 내 머릿속이나
다름 없다

그럼에도
나는 자꾸만
열어 보았다

쓸데없는 것들만
자꾸 걸리적거린다
'미트볼'

13살 겨울에 감상한
생애 첫 포르노의
타이틀

그 활기찬 놈들도
지금은
섹스가 없는 생활에
익숙해졌을 것이다

뜨거운 길 위에서
날 쫓아오던
배가 쳐진 늙은 개의 표정

이런 것들
내 머릿속은 이런 잡동사니로
가득 차 있다

쿨링 팬이 아무리 돌아도
머리통은
곧 폭발할 것이다

술을 마시기로 했다
술잔에 내가 잊었던
그녀의 웃는 모습이 떠올랐다

나는 마셨고
그것은 날 취하게 했다
그럼 다시 잊을 것이다

취한 채로
냉장고 문을 열었다가
구경만 하고
다시 닫았다

불필요하고 긴 변명

남자들은 왜 술만 마시면 이래요?
내가 어쨌냐면
혹시 자고 갈 생각이 없냐고 물었다

왜 그랬냐면
인생은 짧고
그녀의 바지는 그것보다 훨씬 짧았기 때문이다

그렇다
많은 걸 설명할 수는 없다
길어질수록 자꾸만 더듬게 될 뿐이다
빠르게 단념한다
거짓말은 하기 싫다

언제나 같은 방식으로 망쳐버리지만
앞으로 뭐가 바뀔까
바뀌는 건 없다

당신의 내면을 고찰하고 싶소
혹은 당신을 숭배하고 싶소
만약 그랬다면
난 평생 비웃음거리가 됐겠지

그냥 안고 싶었을 뿐이다
세상에는 눈으로는 읽을 수 없고
점자처럼 손끝으로 더듬어야만
알 수 있는 것들이 있으니까
우리는 늘 뭔가를 배워야 하지 않나
다만 그런 걸 말할 수는 없다

인생은 무지하게 짧거든
이상 끝

9천원짜리 위스키를 가득 채우며

삶이 어느 길목에서 멈췄다
하지만 계속 나아가야 한다는 걸 나는 안다
우리 모두가 알듯이

복잡한 문제는 아니다
그저 살아가는 문제일 뿐

언젠가는 이 모든 것들의 끝에 도달할 것이다
영원한 것은 없으니까

이런 문제를 야기하는 것은 삶이 아니라
늘 싸구려 위스키 때문이다

나는 그것을 마신다 언제나
그것이나 그것의 대용품을
어쩌면 그것이 내 삶을 가로막고 있는 건지도 모르
지만

나는 계속 마실 작정이다

언젠가는 후회를 할 것이다
하지만 후회 없는 삶이란 게 가능할까
나는 그것에 대해 고민을 해본 적이 있다
아주 잠깐 위선을 떤 셈이지

나는 나를 속인 대가로
이젠 이놈의 싸구려를 홀짝이다
비스듬이 누워 내내 악몽에 시달리게 됐지

여기서 한 잔만 더 마시면
나를 사랑하게 될지도 모르겠다는 착각이 든다
이렇게 밤이 깊어가는군

힘겨운 겨울나기

찬바람이 턱을 강타한다
언제나 이맘때면
감정이라는 것은 형태를 갖춘다

T는 네모난 무력감을
차가운 대리석 표면처럼 핥는다

이 계절의 모퉁이에 앉은 T는
히치하이커가 되어 멀뚱히 창밖만 본다

삭막한 세상에 교차하는
시간을 나른하게 관조하며

꽉 조이는 옷들을 아예 벗어던지듯
그녀는 모든 걸 내팽개쳤다

결핍을 창조하는
기묘한 능력

우리는 이 계절을 건너뛸
방법을 영영 찾지 못할 것이다

곧 빌어먹을 허연 눈이 내려
온갖 질문과 뒤섞여 온 세상에 쌓이겠지

네가 겨울에만 강아지로 변했으면 좋겠다
그럼 같이 눈밭에서 뛰기라도 할 텐데

절망의 쿼텟

오랜만에 공연을 봤다
더럽게 비싼 맥주 한 잔을
뜨끈하게 데워가며

사중주는 훌륭했다
활기차고 긍정적이었고
난 곧 우울해졌다

앞에 앉은 커플
여자는 죽어라 박수를 치고
남자는 여자의 허리에서 손을 떼지 않았다

음악은 그럴듯한 장식이다
떡치기 전 가벼운 여흥이겠지
매끈한 바지만큼 쫙 펴진 인생일까?

건너편 여자
눈이 길고 콧날이 고상했다

그 앞의 남자는 잘생겼고 젊다
행복한 놈들 천지다
실감나는 비극이군

차라리 창밖을 본다
내 모습이 희미하게 비친다
오래된 절망에선 쉰내가 났다

맥주를 마저 비우고 밖으로 도망쳤다
공연은 대체로 좋았지만
그게 무슨 상관일까
뭘 해도 허무하군
그저 술,
싸구려 맥주집에 가는 길에 조금 웃었다

괜찮은 하루였다고
착각하기 위해서

비둘기 쉼터

그러니까 이곳은 망명객들의
정거장이라고 할까
어디선가 떠난 사람들
어디론가 떠날 사람들

나무둥치 둘레로 빙빙
원형 벤치 서너개
술과 회한으로 속이 타버린
거무튀튀한 사내들이 모여 앉아
침묵을 껌처럼 씹고 있다

나는 편의점에서 구입한
속이 꽉 차 있다는 샌드위치를
주머니에 쑤셔 넣고
한쪽에 자리를 잡았다

포장을 뜯어내니 속이 꽉 차 있진 않았다

빌어먹을 사기꾼들
뭐 그래도 이 정도면
호사를 누리는 것이다

비둘기들이 발 아래 모여든다
세금을 내라는 것이다
부스러기를 좀 떨어뜨리고
곧 후회한다
균형을 깨뜨린 것이 창피했다

꼬맹이들과 여자들은
이곳을 빙 둘러갔다
마치 우리는 못 보는
철책이라도 있는 것처럼

샌드위치를 다 먹으니
왼쪽 윗 어금니가 조금 아팠다

비둘기들은 이 고통을 모를 것이다
나도 그들의 번뇌를 모른다

어쨌거나 우리는 서로 잘 지낸다
서로 간섭하지 않고
그늘을 나눠가지는 것
그걸로 충분하지 않나

나는 들어올 때처럼
나갈 때도 인사를 하지 않았다
대신 트림을 크게 했다
아무도 개의치 않는다
그 정도로 깨질 평화가 아니다

후기 낭만주의

각자의 방에서
각자의 이불을 뒤집어쓰고
다른 이유로 절망하지만
같은 악몽을 꾸는 것이야말로
사랑의 고귀한 결정체라고
너에게 말하려다 만다

신발 도둑

우린 밤새 술을 마셨다
눈치채지 못한 사이
바깥세상에는 비가 내리고
내가 오줌을 싸는 동안
그녀는 사라졌다
내 신발을 신고서

술집을 나서
거리를 바라보았다
세상 전체가 하나의 거대한 어항 같았다
희미한 푸른빛 때문일까
신호등은 느리게 윙크했고
자동차들은 해파리처럼
내 곁을 헤엄쳐 지나갔다

모든 게 초점을 잃고
거리는 희미해졌다

그게 더 나았다
선명한 것들은
지루하거나
위험하니까

나는 그녀와 내 신발을 찾아
맨발로 거리를 헤맸다
쭈글쭈글한 늙은 여자처럼
조그맣고 빌어먹을 신발들

처음엔
슬펐고
다음엔
화가 났다
그러다 갑자기
웃음이 터졌다
마지막엔

아무렇지 않았다

그날,
뒷골목엔
쿨 재즈처럼 비가 내렸고
결국 나는 역으로 향했다
젖은 고양이처럼

그건 우리에게
어울리는 이별이었다
그녀는 조금 미쳤지만 현명했다
내 신발을 훔치다니

겨울의 도큐멘트

겨울은
날카롭고 긴 꼬리를 가지고
천천히 움직인다
모든 표정을 완전히 기억할 수 있도록

너의 얼굴을
너의 두꺼운 옷과
그 속의 몸짓과
감추려는 아쉬움까지도

혈액 속을 떠돌던 기억들은
찬 바람이 불면
영하의 표면 아래
투명한 결정으로 맺혀
뻣뻣한 뼈마디를 따라 열린다

모든 걸 기억할 수 있다는 건

서글픈 일이지

맞아

특히 너에 관해선

헛소리만 실컷 하고

뒤돌아설 때

모든 게 변해버릴 걸 알고 있었지만

그저 걸어갔다

시간은

흐르고…

공전으로 인해

제자리로 돌아올 수밖에 없었고

겨울은 그 자리에서

여전히 천천히 움직이고 있었다

내 뒤통수를 볼 수 없듯이
지난날에 닿지는 못해도
또다시 그 기억들과 만났다

오래전
네가 웃거나 한숨을 쉬며
새어나온 입김이
지금 내 콧날에 닿는다

겨울은
천천히 움직인다
긴 꼬리를 가지고

심심한 저녁을 때우러, bar 슈네니건

반 달 모양의 빈 테이블
고장 난 시계
항상 침울한 미소의
존 벨루시

어느 저녁을
마주하기 위해
내가 주문한 맥주 두 잔

어슬렁대는 몇몇의 남자들
천장에 낀 때처럼
낡은 추억을
어루만지는
흥미 잃은 산책

지난날
기묘한 열정으로 완성된

누군가의 그림들
먼지와 함께
묻히는 중

건조한 걸
시간도
기억도
이거 위험하군
난 그저
무료한 저녁을 때우고 싶을 뿐이라고

대전기행

스스로 잉태한 것처럼
멋대로 굴지만
그녀에게도
부모가 있고
고향이 있다

그녀는
아빠를 닮았고
엄마처럼 잠든다

그녀의 고향은
쓸데없이 길이 넓었고
그래서 쓸쓸했다
망나니 같은 년이지만
한 번씩 떠오르는
우울한 표정과 닮았다

안심이 된다
그녀에게
혈액형이 있다는 것과
운명적인
과거가 있다는 것이

아픔과 웃음
상실과 행복
모든 것들이 머물던
어린 시절 그녀가 걸었던 길 위로
어떤 소녀가 걸어갔고
곧 신기루처럼 사라졌다

별것 아닌 것들이 모여
인생이 되는 걸까
가보길 잘했다

겨울 다음 봄

겨울이면 습관처럼
집에 틀어박히는데
사실상 억류된 것이다
위협적이고 절대적인 계절의 포로
알고 있지만 피할 수 없다

찬바람이 거세지는 동안
집이 점점 좁아진다 사방에서
식도처럼 꿀렁대며 밀려오는 벽은
나를 집어삼켜
결국엔 소화 시킨다

뭔가를 내줘야만 한다
이 겨울에 뭔가를 바쳐야 한다
내 생명의 일부분을
잊지 말 것
완전 소멸되지 않도록 기도하는 것

언젠가

봄은 온다

마른 가지에 움이 트고

죽은 땅에서 풀이 돋는다

신기하다고 생각해 본 적 없는가?

내게 앗아간 일부분

그리고 누군가의 망상이

어느 꿈이나

헛된 희망들이

갉아 먹힌 그 생명과

삶이라고 불리는 어느 조각이

양분이 되고

씨앗이 되는 것이다

그러니

서글프고 눈물짓는 자들아

따스한 바람을 웃으며 맞을 자격이
우리 충분하다

사랑은 개소리지만 넌 예외

뻔한 이야기 중에서 제일 뻔한 것
바로 사랑에 관한 것

배앓이 치통 악몽
기나긴 숙취의 오후
이 모든 것에 빚을 지고
드디어 만난
너라는 결정체

그 당시 나는
구멍이 숭숭 뚫린 채
끝없는 내리막 앞에
아슬아슬 서 있었지만
그걸 알 순 없었어

어쩌다 보니 네 손을 잡았지
어리석었어

우리 둘 다
지금도 마찬가지지만
우리는 함께 미끄러져갔지
사랑이라는 그 개같은 이름 아래

1989년 겨울, 베를린 장벽 붕괴
어린 시절 졸린 눈으로
뉴스를 봤던 게 기억나
꼬마치고는 꽤 복잡한 생각이 교차했어
낭만적인 동시에
폭력적인 게 뭔가 불길한 기분이 들더군
어쨌건 뭔가를 부수는 것이니까

너와의 만남을 떠올리면
베를린 장벽이 생각나
우리 사이의 뭔가 무너졌지만
우린 본질적으로 섞일 수 없는 인간들이지

높낮이와 부피와 색깔
격이 완전히 다른 인간이니까
어쨌건 그 밤이 무척 낭만적이긴 했지
그 속에 잠자고 있던
사나운 것들은
말 그대로 잠들어 있었으니까

그로부터 멀리도 왔어
경멸과 불신
피와 학대
고통
신음 울음 그리고
죽음이
지나갔어
우리의 영혼은 불사신일지도 몰라

지금 우리가 둘 다 멀쩡히

살아있는 건
저 위에 어떤 존재가
우릴 좀 더 관찰하고 싶거나
아니면 혼란스러워서겠지

사랑
그간 우리에게 펼쳐진 이 모든 게
그 위대한 사랑이라는건가?
나는 확신할 수가 없어
너는 어때?

내가 사랑한다고 떠벌리던
예전 여자들을 떠올려 봤어
그 속엔 찰나의 환희와
슬픔만이 오로지 길게 뻗어있더군
그 속엔 낮잠도 세탁기도 포크와 나이프도
변비도 세제도 양말도 얼룩진 망상도 없어

사랑이란 건
사기를 치는 게 분명한 것 같아
원래 텅 빈 것이거나

그럼에도 나는 사랑을 늘 갈구하지
내가 미련하거나
자학적이라서 그렇겠지
단순히 미쳤거나
사랑의 시궁창에 처박힌
허기짐과 고통이
삶의 뭔가를 지탱해 주는 것 같아
착각일지도 모르지만

운명적이라고? 그럴지도 모르지
그런데
운명적이지 않은 것도 있나
나는 네게서 몇 번 도망치려고 했어

너도 마찬가지고
사랑은 서로를 학살자이자
포로로 만들어버려
내 팔에 새겨진 너의
이빨 자국이 그 증거지

끈질기게 버티던 우리에게도
언젠가 이별이 찾아올지도 몰라
그럼 나는 외눈박이나 절름발이가 되어
싸구려 술집을 나방처럼 전전하겠지
다시 사랑이니 뭐니 개소리를
지껄이면서
하지만 너에 대해서라면
나는 곧바로 입을 닥치게 될거야
그건 더 이상 개소리가 아니거든

너는 내 유일한 비밀

또 다른

개같은 나 이니까

사랑은
개소리지만
넌 예외

지은이 · 권민천
편 집 · 박연경
펴낸이 · 유정융
펴낸곳 · 여름

1판 1쇄 · 2025년 9월 30일
출판등록 · 1987년 11월 27일 제10-149

주소 · 04083 서울 마포구 토정로53 (합정동)
전화 · 324-6130, 324-6131 | 팩스 · 324-6135
E-메일 | dhsbook@hanmail.net
홈페이지 | www.donghaksa.co.kr
www.green-home.co.kr

ISBN 978-89-7190-919-5 03810